Minimalist

Mehr Freiheit. Mehr Geld. Mehr Glück.

Sina Jasur

Prießnitzstr. 52
01099 Dresden

ISBN: 1503185745
ISBN-13: 978-1503185746

2. Auflage 2014, ungekürzt

Covergestaltung und -konzept:
Alerrandre | Fiverr
Coverbild: "Woman relaxing in her car"
von Oneinchpunch | Dollar Photo Club

Druck:
Amazon Europe Core S.à r.l., 5 Rue Plaetis, L-2338 Luxemburg

Hinweis

Dieses Buch wurde ursprünglich als eBook konzipiert und veröffentlicht. Wenn Du dieses Taschenbuch gekauft hast, bekommst Du das eBook kostenlos von mir dazu. Wende Dich bitte per Email an mich, um das eBook zu erhalten: sina.jasur@gmail.com. Ich sende es Dir dann sehr gern zu. Im eBook sind viele praktische Links enthalten, zum Beispiel zu den Videos auf meinem Youtube-Kanal.

INHALT

VORWORT ZUR 2. AUFLAGE

Ich habe dieses Buch vor etwas mehr als einem Jahr veröffentlicht und in der Zwischenzeit ist einiges geschehen. Meine Familie und ich haben uns im minimalistischen Sinne weiterentwickelt und unsere Wohnung noch mehr entrümpelt. Deshalb ist es an der Zeit, dieses Buch entsprechend anzupassen und zu erweitern: mit meinen persönlichen Erfahrungen und weiteren Ideen, wie auch du dein Leben minimalistischer gestalten kannst.

Ich wünsche dir viel Freude beim Lesen. Schau auch mal auf meinem Blog vorbei: www.sina-jasur.de oder schreib mir eine Email, wenn du magst: sina.jasur@gmail.com ☺

VORWORT ZUR 1. AUFLAGE

Stell dir einen typischen Samstagvormittag vor: Es ist Wochenende und du könntest tun und lassen, was du willst. Stattdessen wartet ein Berg Wäsche auf dich, du musst einkaufen gehen, die Wohnung aufräumen und saubermachen. Wenn du ein Haus hast, musst du dich auch um den Garten und diverse Reparaturen kümmern. Du könntest auch mal wieder dein Auto putzen… Von wegen: Freizeit!

Viele Dinge zu besitzen, lenkt uns ab und belastet uns. Wir sind permanent gestresst, haben nie Zeit und führen ein Leben voller Hektik. Die westliche Welt ist überladen mit Luxus und trotzdem, oder gerade deshalb, leiden wir unter Stresssymptomen. Es ist ein Irrglaube, dass Besitz glücklich macht.

Dieses Buch führt dich in die Welt des Minimalismus ein: Entferne alles, was du nicht brauchst. Schaffe Raum für das, was dich inspiriert und weiterbringt. Das hilft dir dabei, dich selbst zu finden und Prioritäten zu setzen. Ich zeige dir, wie weit Minimalismus gehen kann. Du entscheidest selbst, wie weit du gehen möchtest.

Was mit dir passieren wird? Christof Hermann hat es in einem Blogbeitrag[1] ganz gut zusammen gefasst: Ein Minimalist hat mehr Zeit und keine Geldsorgen. Er arbeitet nicht so viel und muss weniger putzen. Er hat keine Angst, etwas von seinem Besitz zu verlieren. Er ist sozial und

[1] www.bevegt.de/minimalismus/

verschenkt gerne Dinge. Er nimmt sich Zeit für Andere und er kann sich dem widmen, was ihm wichtig ist. Das macht einen Minimalisten im Allgemeinen glücklicher als es andere Leute sind.

Marty Stano[2] sagt: "Du kannst das Prinzip des Minimalismus auf alles anwenden: deinen Besitz, dein Essen, deine Gesundheit, deine Arbeit, sogar auf deine Gedanken." Du möchtest wissen, wie das geht? In diesem Buch zeige ich es dir. Minimalismus bedeutet Freiheit und ist noch so viel mehr: Klarheit, Ordnung und Stille. Ist es nicht genau das, was wir brauchen in unserer lauten und hektischen Welt?

---

[2] www.martystano.com

DER WEG ZUM MINIMALISTEN

Danny Dover[3] meint, dass Männer nur 150 Dinge brauchen und Frauen 180 bis 190 Dinge. Insgesamt! Was sagst du dazu? Schau dir mal deine Besitztümer an. Denkst du, dass es möglich ist, mit so wenigen Dingen zu leben? Ich habe meine Besitztümer noch nie gezählt, bei einer fünfköpfigen Familie werden es mit Sicherheit mehr sein. Mir sind solche Zahlen aber auch nicht so wichtig. Was zählt ist: wie eingeschränkt fühlst du dich von deinen Besitztümern? Vielleicht ist dir schon länger alles zu viel oder es ist nur ein kleines, nagendes Gefühl, wenn du dich in deiner Wohnung und deinem Leben umsiehst. Wie auch immer, dieses Buch hat es irgendwie in deine Hände geschafft, also scheint es Zeit zu sein, die Ärmel hochzukrempeln und die Sache anzupacken. Ich helfe dir dabei, dich Dannys Zahlen anzunähern, aber sei nicht zu verbissen. Nimm es locker! Dann wird es dir auch Spaß machen.

So solltest du grundsätzlich vorgehen

Reserviere dir mindestens zwei Tage im Kalender für diese Aktion und stelle dir zunächst folgende Fragen:

1. Wo hast du so viele Möglichkeiten, dass es schwierig ist, eine Entscheidung zu treffen? Höchstwahrscheinlich fallen dir dann der Kleiderschrank, dein Schmuck, die Schuhe aber vielleicht auch deine Kaffeetassen, deine Töpfe oder

---

[3] www.lifelisted.com

deine Stifte auf dem Schreibtisch ein. Hier könntest du damit beginnen, die Auswahlmöglichkeiten zu reduzieren.

2. Hast du Gegenstände mehrfach oder in verschiedenen Ausführungen? Drei verschiedene Muffinformen sind zum Beispiel nicht nötig. Wie viele Teller brauchst du wirklich? Wie viele Taschenlampen? Vermeide es, Ersatzstücke für den Fall, dass etwas kaputtgeht, aufzubewahren. Du kannst dir Ersatz kaufen oder borgen und beim nächsten Kauf auf Qualität des Produkts achten, damit es nicht so schnell kaputtgeht.

Sortiere dann nach drei Kategorien: "behalten", "weggeben" und "die BOX". Was es mit "der BOX" auf sich hat? Bei manchen Sachen wirst du dich einfach nicht entscheiden können, ob du sie behalten oder weggeben willst, also packst du sie in eine Umzugskiste oder einen Karton. Das stellst du an einen Ort, der dir nur schwer zugänglich ist, irgendwo im Keller, auf dem Dachboden oder ganz hinten im Schrank. Nach einiger Zeit, drei Monaten zum Beispiel, solltest du die Kisten einfach entsorgen, ohne nochmal reinzuschauen, damit du nicht wieder so stark emotional von diesen Objekten angezogen wirst. Du kennst das: aus den Augen, aus dem Sinn.

Wenn dir diese Vorgehensweise zu langweilig ist, kannst du auch spielerisch an die Minimalismus-Challenge heran gehen. Danny Dover rät: Gib jeden Sonntag fünf Sachen weg. Barbara Sher hatte auch eine gute Idee: Immer wenn du in ein neues Zimmer kommst, suche zehn Dinge aus, die du weggibst. Spiele dieses Spiel, wann immer es dir einfällt.

So wirst du den Kram los...

Du hast nun eine ganze Menge Zeug angesammelt, das du loswerden willst. Dafür hast du verschiedene Möglichkeiten:

Klamotten könntest du sortieren. Bestimmte Marken werden dir von Händlern abgekauft. Schau zum Beispiel mal auf www.momox.de. Ausgefallenere Sachen kannst du auf www.kleiderkreisel.de verkaufen oder verschenken. Das ist vor allem etwas für dich, wenn du Zeit dafür hast. Du solltest abwägen, ob der Aufwand das Geld wert ist. Falls du für etwas einmal viel Geld ausgegeben und deshalb jetzt ein schlechtes Gewissen hast, wenn du es einfach so weggibst, dann verkaufe es und du bekommst etwas von dem Geld wieder zurück.

Wenn dir der Aufwand des Verkaufens zu groß ist, kannst du die Sachen an Sozialkaufhäuser spenden oder in den Altkleidercontainer geben oder frage deine Freunde, ob sie einige von deinen Klamotten haben wollen. Bei mir ist meine Schwester immer die erste Anlaufstelle, wenn ich Sachen verschenken will. Auch unsere Kinderkleidung geht im Freundeskreis ratz-fatz weg. Die meisten Teile haben wir selbst von Freunden erhalten. Es gibt auch Second-Hand-Läden für Erwachsenen- und Kinderbekleidung, wo du gut erhaltene Sachen abgeben kannst und falls sie verkauft werden, etwas Geld dafür zurückerhältst.

Bestimmte Elektronik wirst du online los bei www.ebay.de oder bei www.rebuy.de. Möbel würde ich über www.ebay.de anbieten oder gleich bei Ebay-Kleinanzeigen[4] einstellen. Dann können es Leute, die in deiner Nähe wohnen, selbst abholen und du musst dir keine Gedanken um die Verpackung und den Versand machen.

[4] kleinanzeigen.ebay.de

Du solltest auch an die Hilfsbedürftigen denken. Könnten sie deine Sachen gebrauchen? Es gibt viele Vereine, die nehmen dir gern noch funktionstüchtige Möbel, Geräte etc. ab.

Bücher kannst du auch bei www.momox.de verkaufen. Sie werden auf Wunsch sogar direkt bei dir zu Hause abgeholt.

Wenn du die Zeit hast, wäre auch ein echter Flohmarkt was für dich. Online findest du bestimmt einen Flohmarkt in deiner Nähe. Gegen eine Gebühr kann dort jeder einen Stand aufbauen und seine Sachen verkaufen.

In meinem Schrank habe ich ein Fach für die Dinge reserviert, die ich geschenkt bekomme, aber nicht gebrauchen kann. Ich hebe sie auf, um sie weiter zu verschenken. Pass aber auf, dass du sie nicht aus Versehen der gleichen Person zurück schenkst! Du vermeidest das, indem du Zettel an die einzelnen Geschenke machst, mit dem Namen der Person, die es dir geschenkt hat.

Und übrigens: Sachen, die du einmal gekauft hast, jetzt wieder abzugeben, ist keine Geldverschwendung - das Geld ist ohnehin weg! Es ist vergleichbar mit einem schlechten Kinofilm, den du dir ansiehst. Du hast ihn schon bezahlt, so oder so. Musst du ihn wirklich bis zum Ende ansehen und damit deine wertvolle Lebenszeit verschwenden?

DEINE WOHNUNG

Schau dir unbedingt mal die Videos von Kirsten Dirksen[5] an. Sie reist um die Welt und besucht Leute, die in winzigen Häusern und in Mini-Apartments wohnen. Diese Menschen brauchen kaum Platz und haben mehr Freiheit als alle anderen Hausbesitzer. Warum? Sie mussten keinen Kredit aufnehmen, weil Tiny Houses natürlich viel weniger kosten als ein großes Haus mit großem Grundstück. Die laufenden Kosten sind viel geringer und der Aufwand, die Mini-Häuser in Schuss zu halten, natürlich auch. Das lässt sich eins zu eins auf eine Mietwohnung übertragen: je größer die Wohnung, desto mehr Kosten und mehr Aufwand für dich, alles sauber zu halten. Also ist die Frage durchaus entscheidend: Wie viel Platz brauchst du, um dich wohlzufühlen? Jetzt gehen wir einmal Stück für Stück durch deine Wohnung und schauen, was du aussortieren könntest. Das sind alles Anregungen: Du entscheidest selbst, was du behalten möchtest und was nicht.

LightbyCoco[6] hat einen guten Trick, um herauszufinden, was überflüssig ist: Bevor du einen Schrank öffnest, visualisiere, was sich darin befindet. Dann schau hinein. Die Sachen, die du bei der Visualisierung vergessen hast, schmeiß weg. Offensichtlich sind sie nicht wichtig genug, um sie zu behalten. Sachen, an die du dich erinnert hast, aber die für dich negative Emotionen wecken, kannst du ebenfalls getrost wegschmeißen. Sie werden auch zukünftig nichts Anderes tun, als negative Gefühle in dir auszulösen.

[5] www.youtube.com/user/kirstendirksen

[6] www.lightbycoco.com

So etwas brauchst du nicht in deinem Leben, oder?! Behalte keine Sachen, die einen Lifestyle repräsentieren, den du nicht lebst: Kissen, die nur im Schaufenster gut aussahen, Klamotten, die nicht deiner Persönlichkeit entsprechen, Kochgeräte, die du nie benutzt, Hobbys, die du nie auslebst, sind Beispiele dafür. Das Zeug kann alles weg.

Brauchst du wirklich so viele Bücher? Sind sie vielleicht nur ein Statussymbol? Welche Bücher sind wirklich wichtig für dich? In welchen blätterst du noch ab und zu? Bücher nehmen nur Platz weg. Verschenke sie. Wenn du ein Buch wirklich noch einmal lesen willst, kannst du es dir aus der Bibliothek ausleihen. Wenn du ein neues Buch brauchst, sieh nach, ob du es in der Bibliothek bekommst oder lade es dir auf deinen eReader runter. Und das gilt nicht nur für Bücher! CDs und DVDs: werde die Dinger bloß los! Du kannst heutzutage alles digital bekommen. In einer Cloud hast du genug digitalen Speicherplatz und du kommst auf der ganzen Welt an deine Filme und Musik: iTunes, Google Play etc. Es gibt so viele Anbieter. Such dir einen aus. Wenn dir nicht so wichtig ist, bestimmte Musik zu speichern, kann ich dir Amazon Prime Music empfehlen. Dort kann man als Mitglied so gut wie alles kostenlos hören, darunter auch Hörbücher für die Kinder. Das nutzen wir als Familie momentan und wir besitzen keine eigenen Musikdateien mehr.

Hast du viele Hobbys? Fängst du immer wieder Projekte neu an, die du nie zu Ende führst, und das Zubehör vermüllt dir die Wohnung? Dann empfehle ich dir unbedingt das Buch von Barbara Sher: “Du musst dich nicht entscheiden, wenn du tausend Träume hast.” Mir hat es wirklich sehr dabei geholfen, mich und meine vielen Interessen zu organisieren. Wenn du sicher bist, dass du ein Projekt wieder anpacken wirst. Dann musst du die Sachen nicht entsorgen, sondern packe alles, was zu diesem Projekt gehört, in eine Kiste und verstaue sie ordentlich.

Das Wohnzimmer

Ich habe lange geglaubt, dass es im Wohnzimmer nicht viel zu minimalisieren gibt, abgesehen vielleicht vom Fernseher: wir haben noch einen, aber am liebsten würde ich ihn hochkant rausschmeißen! Als Mutter ist mir dieses Ding ein Dorn im Auge. Ständig betteln die Kinder, wieder einen Film anschauen zu dürfen.

Wenn du allein lebst, wäre mein erster Ratschlag: der Fernseher kann weg! Es wird dein Leben sowas von verbessern! Du hast auf einen Schlag garantiert doppelt, wenn nicht dreimal so viel Freizeit! Ich persönlich benutze unseren Fernseher nicht mehr, mein Mann schaut vielleicht ein oder zweimal im Jahr ein Sportereignis, nur unsere Kinder sitzen regelmäßig vor diesem Monstrum. Ich würde ja zu gern mal das Experiment wagen und den Fernseher einfach rausschmeißen, aber ich hatte noch nicht den Mut dazu!

Der Fernseher ist für mich ein Symbol dafür, dass wir als Minimalisten auch mal Kompromisse eingehen müssen. Nicht jeder, mit dem wir zusammenleben, wird immer einverstanden sein, mit unseren Minimalismus-Aktionen. Hier gilt es Fingerspitzengefühl zu beweisen: kümmere dich zu allererst um deine persönlichen Sachen. Die kannst du aussortieren, ohne jemand fragen zu müssen. Bei den anderen Dingen, die beispielsweise der ganzen Familie gehören, solltet ihr gemeinsam abwägen, ob etwas weg kann oder nicht. Am besten überzeugt man immer noch durch Vorleben. Wenn Du plötzlich Zeit für was Schönes hast, während dein Partner seine CD-Sammlung abstauben muss, könnte das schon der entscheidende Aha-Moment sein...

Zurück zum Wohnzimmer: Der Fernseher bleibt also erstmal. Was wir rausgeschmissen haben, sind unser Couchtisch und die dazu gehörigen Sessel. Aus welchem Grund? Wir haben sie nur selten wirklich genutzt. Der Couchtisch war nur ein sinnloses Objekt, um irgendwas darauf abzulegen und ich musste ihn, wegen der Glasplatte, regelmäßig entstauben. Er hat nur Arbeit gemacht und mich mit seinem Anblick geärgert. Also haben wir ihn zusammen mit den Sesseln über Ebay verkauft. Um unseren Gästen dennoch genug Sitzmöglichkeiten bieten zu können, haben wir ein paar Klappstühle gekauft, die man im Alltag einfach "verstecken" kann. Jetzt haben wir diesen wunderbaren Teppich, auf dem die Kinder lümmeln und spielen können und sonst ist dort einfach nur viel Platz und Raum. Wie das aussieht, kannst du auf meinem Youtube-Kanal[7] sehen.

Wir haben noch etwas aus unserer Wohnung, insbesondere dem Wohnzimmer, entsorgt: die Zimmerpflanzen. Das ist etwas, was sich viele Leute einfach nicht vorstellen können. Für sie gehört Grünzeug definitiv in die Wohnung. Schließlich verbessern Pflanzen das Raumklima und sehen schön aus! Bei unseren Pflanzen war das aber ganz sicher nicht der Fall: sie haben faulig gerochen, weil sie zu viel gewässert worden waren und sie sahen verkümmert aus.

Zimmerpflanzen sind Lebewesen und sie brauchen nun einmal Pflege! Die konnte ich ihnen mit drei Kindern einfach nicht bieten und jeden Tag musste ich ihren

---

[7] youtube.com/c/SinaJasur

jämmerlichen Anblick ertragen, der mir sagte, dass ich in dieser Hinsicht einfach mal versagt habe! Ok, vielleicht ist das etwas übertrieben dargestellt, aber es gibt so viele Dinge in unserer Wohnung, die uns unterbewusst immer wieder Signale senden. Bei mir haben die Pflanzen immerzu Schuldgefühle ausgelöst und sie haben mich ständig daran erinnert, dass ich sie noch gießen, düngen und/oder umtopfen muss.

Das heißt natürlich nicht, dass du ebenfalls auf Pflanzen verzichten musst! Du weißt selbst, ob sie dir guttun oder sie dich eben nur belasten. Und glaube es mir, es war DIE Befreiung für mich, sie zu verschenken! Ich bereue es bis heute nicht. Auch unser Balkon ist seit über einem Jahr pflanzenfrei und mein Mann und ich, wir sind uns einig, das war eine super Entscheidung. Wie viel Arbeit das alles war: das Gießen und Einpflanzen, winterfest machen... Wir haben den Vorteil, wir müssen trotzdem nicht auf Pflanzen verzichten, denn der Ausblick bei uns geht direkt ins Grüne.

Wenn du ähnlich fühlst, scheue nicht davor zurück, deine Pflanzen einfach einem Pflanzenfreund zu schenken. Du musst ja nicht so radikal sein wie ich und alle weggeben, aber vielleicht hilft es dir schon, die Pflanzen stark zu reduzieren, um dich dann besser um die Verbliebenen kümmern zu können, ohne schlechtes Gewissen. Du schuldest niemandem eine Erklärung (außer vielleicht deinen Mitbewohnern): wenn dich etwas stört oder belastet, gib es weg! Das kann mehr Wirkung haben als eine Woche Urlaub!

Schlafen

In meiner ersten Auflage dieses Buches, hat das Kapitel zum Thema Schlafen für die meisten Diskussionen gesorgt. Ich beschreibe hier nämlich gleich, wie angenehm es ist, auf ein Bett zu verzichten und auf dem Boden zu schlafen. Viele können sich das überhaupt nicht vorstellen und natürlich kannst du selbst entscheiden, wie wichtig dir dein Bett ist.

Ich möchte hier von unserer Erfahrung in der Familie erzählen und dir einen Anreiz geben, einfach mal darüber nachzudenken. Wir haben nämlich schon länger kein Bett mehr: vor allem aus Platzgründen und weil wir mit allen drei Kindern im Familienbett schlafen wollten, haben wir uns dazu entschieden, das Ehebett zu entsorgen. Stattdessen schlafen wir seit einigen Monaten im Kinderzimmer auf dem Fußboden: alle zusammen, auf fünf Kindermatratzen von Ikea. Diese Matratzen kann ich tagsüber ganz leicht zur Seite räumen und dann haben die Kinder Platz zum Spielen. Wenn sie wollen, können sie auch auf den Matratzen toben. Im ehemaligen Schlafzimmer, können wir Erwachsenen jetzt arbeiten: dort steht eine ausklappbare Couch für Gäste und sollte unsere älteste Tochter (7 Jahre alt) soweit sein, kann sie gern das Zimmer für sich haben. Wie das genau bei uns aussieht, kannst du auf meinem Youtube-Kanal sehen.

Also trau dich ruhig einmal, die Frage zu stellen: brauche ich wirklich ein Bett? Einige Minimalisten gehen sogar noch weiter und verzichten auf die Matratze. Das finde ich total spannend! Stell dir vor, wie befreiend es wäre, wenn du überall schlafen könntest, weil du dich einfach auf den Boden legen und schlummern kannst. Das geht! Derek[8] schläft schon eine Weile auf dem Boden. Er nutzt als

---

[8] unconventionalliving.tv

Unterlage zwei zusammen gefaltete Decken. Das hängt ganz von dem Boden ab, auf dem du liegst: hast du einen Teppich, reicht sicherlich eine Decke als Unterlage. Sonst könntest du auch eine Isomatte nutzen. Die Kinder könnten auch auf Turnmatten schlafen.

Noch ein paar Tipps, falls Du das mit dem Schlafen auf dem Boden ohne Matratze mal probieren willst: Für deinen Kopf solltest du anfangs noch ein Kopfkissen nutzen, weil dein Nacken daran gewöhnt ist. Derek empfiehlt, die Kissen mit der Zeit immer mehr zu verkleinern oder eine gefaltete Decke zu nutzen, bis du gar nichts mehr zur Unterstützung für deinen Kopf brauchst. Gib dem Experiment etwas Zeit. Dein Körper muss sich erst daran gewöhnen, aber du wirst sehen – prinzipiell kann Mensch auf dem Boden schlafen, ohne Probleme.

Der Freiraum, der sich mit diesen Möglichkeiten in Deiner Wohnung auftut! Wir haben mit unserer Matratzenaktion immerhin ein extra Zimmer gewonnen! Du kannst bei Freunden schlafen, selbst, wenn sie kein Bett für dich haben. Ich sage nicht, dass du dein Bett rausschmeißen musst, aber du kannst es, wenn du den Platz für etwas Anderes brauchst. Probiere es einfach mal aus. Und keine Sorge: auch ohne Bett kannst du ein abwechslungsreiches Sexualleben haben...

Der Kleiderschrank

Die meisten Menschen tragen ihre Lieblingsklamotten immer und immer wieder, während andere Sachen kaum getragen im Schrank hängen! Oft ist der Schrank so voll, dass wir keinen Überblick mehr haben und in der Eile schnell zu den Teilen greifen, von denen wir wissen, dass sie uns gut stehen und das sind oft immer die gleichen Sachen. Ich helfe dir jetzt, deinen Kleiderschrank zu entrümpeln:

1. Zunächst sortierst du alles aus, was kaputt ist, dir nicht passt, was dir sowieso nicht gefällt und was du nie trägst.

2. Dann schau dir die Sachen an, die übrig sind und definiere deinen Stil. Was für ein Typ bist du? Was machst du jeden Tag? Ich bin Mutter und arbeite von zu Hause aus. Ich bin oft auf Spielplätzen und in der Natur unterwegs. Zum Schick machen, habe ich nicht viel Zeit, will aber trotzdem top aussehen, wenn ich auf die Straße gehe. Bist du ein Business-Typ, kommen für dich andere Klamotten in Frage. Vielleicht hast du einen Star, dessen Stil dir gefällt. An dem kannst du dich orientieren. Aber pass auf: verbiege dich nicht! Denn dann wirst du in zwei Monaten vielleicht den Stil eines anderen Stars toll finden, wieder neue Klamotten kaufen und der Kreislauf geht von vorne los.

3. Trage nur, was du liebst, was sich gut anfühlt, worin du gut aussiehst. Mein Tipp: mache ein Foto von dir in deinen Lieblingsklamotten. Vor dem Spiegel sehen wir oft nicht die Realität. Ich habe mich schon manches Mal erschrocken, wenn ich mich in den Klamotten, von denen ich überzeugt war, dass sie mir total gut stehen, auf einem Foto gesehen habe. Das wirkt noch einmal viel realistischer, weil auch deine Körperhaltung eine große Rolle spielt. Wenn du grundsätzlich unsicher bist, was dir steht (welche Farben, welcher Schnitt etc.), empfehle ich Dir, unbedingt mal eine Farb- und Stilberatung zu machen. Lass dir das schenken. Die Beratung hilft dir dabei, immer die richtige Auswahl bei den Klamotten zu treffen und macht auch das Einkaufen viel leichter, weil du bestimmte Farben gleich links liegen lassen kannst.

4. Besitze so wenige Teile wie möglich. Deine Sachen sollten für eine Woche reichen, wenn du nicht öfter als einmal in der Woche waschen willst. Du solltest manche Sachen mehr als einmal tragen, bevor du sie wäschst.

5. Wenn du wenige Sachen hast, aber trotzdem nicht jeden Tag das Gleiche tragen willst, solltest du auf eine gute Kombinierbarkeit deiner Klamotten achten. Das erreichst du, indem du auf auffällige Muster verzichtest und zueinander passende Farben bevorzugst.

6. Dann packe die saisonalen Sachen in einen anderen Schrank oder in eine Kiste unter dem Bett (falls du es nicht schon rausgeschmissen hast), um dir den Überblick zu erleichtern. Eine Saison könnte zwei Jahreszeiten umfassen: Frühling-Sommer und Herbst-Winter. Wenn du die Sachen zum Saisonwechsel aufräumst, gib die Teile weg, die du die ganze Saison nicht getragen hast. Du kannst zu Saisonbeginn alle Kleiderbügel in eine bestimmte Richtung drehen und sobald du ein Teil aus dem Schrank nimmst, den Bügel wenden. So siehst du zu Saisonende eindeutig, was du nie getragen hast und kannst es getrost aussortieren.

Wann immer ein Kleidungsstück abgetragen ist, oder du es nicht mehr sehen kannst, tausche es aus. Wenn du etwas Neues kaufst, investiere in hochwertige Teile, auch wenn sie teurer sind. Du wirst insgesamt seltener Klamotten kaufen und so Geld sparen. Kaufe lieber Teile im klassischen Stil, als ausgefallenen modischen Schick. Diese Kleidungsstücke könnten nächstes Jahr schon wieder Out sein.

Mein ultimativer Klamotten-Tipp: trage nur noch

Schwarz. Das mache ich seit einiger Zeit und ich liebe es! Warum? Du kannst alles mit allem kombinieren. Schwarz ist zeitlos. Du siehst immer gut aus in Schwarz und vor allem macht Schwarz schlank! Du kannst deine gesamte Wäsche in einer Maschine waschen. Es ist trotzdem nicht langweilig: Du kannst verschiedene Stoffe kombinieren, ausgefallenere Schnitte tragen und wenn ich Lust auf Farbe habe, nehme ich mein rotes Lieblingstuch zum Outfit dazu. Falls du der Idee nicht abgeneigt bist, aber Angst hast, dass dir diese (Nicht-)Farbe überhaupt nicht steht, empfehle ich dir einen Artikel von Anna Maria Lange: "Die Farbe Schwarz: Wie sie jeder Farbtyp tragen kann."[9]

Interessant finde ich auch die Idee einer „Uniform" für die Arbeit. Matilda Kahl trägt seit drei Jahren jeden Tag das gleiche Outfit im Büro! Sie hat sich dafür eine bestimmte Bluse und Hose ausgesucht, die für jede Gelegenheit im Job geeignet sind und hat sich die gleich mehrfach gekauft, um sie jeden Tag im Büro anzuziehen. Nicht, weil sie nicht kreativ genug ist, sie hat einen hoch-kreativen Job als Art Director und an den Wochenenden lebt sie ihre Kreativität auch in der Kleidung aus – aber im Büro ist es immer die gleiche "Uniform". Diese Idee ist super – insbesondere für Frauen, die doch eigentlich ziemlich viel Stress damit haben, jeden Tag toll auszusehen. Ich finde das total genial und denke da zum Beispiel an Steve Jobs, der ja auch immer das Gleiche anhatte: schwarzer Rolli und Jeans. Es sind gerade erfolgreiche Männer, bei denen es offensichtlich auch eher akzeptiert wird, dass sie immer das Gleiche anziehen. Warum sie das tun? Weil sie sich so auf das Wesentliche konzentrieren können – und das sind bestimmt nicht die Klamotten!

Hast du Angst, dass du zu wenig anzuziehen hast und es

---

[9] siehe eBook

den Leuten auffällt? Deine Garderobe enthält jetzt zwar weniger Stücke, aber die halten länger und gefallen dir auch. Du wirst dich automatisch variabler kleiden, obwohl du weniger Klamotten hast, weil du weißt, dass alles in deinem Schrank zusammenpasst und gut an dir aussieht. Mach dir bewusst, dass die Menschen nicht so sehr auf deine Kleidung achten, wie du glaubst. Sollte dich tatsächlich mal jemand auf deine Kleidung ansprechen, dann sage einfach, dass du ein Experiment machst. Frag doch die dir vertrauten Leute, ob sie überhaupt merken, dass du jetzt viel weniger Kleidung zur Auswahl hast.

Falls du dich wirklich nicht trennen kannst, dann packe die scheinbar überflüssigen Klamotten in eine Kiste, probiere das Leben mit weniger Kleidung eine Zeit lang aus. Notfalls holst du wieder was aus der Kiste, aber glaube mir, es wird nicht alles sein.

Das Schöne an der minimalistischen Mode ist: du wirst am Ende viel weniger Zeit und Aufmerksamkeit darauf verwenden, was du trägst oder anziehen sollst und trotzdem toll aussehen. Damit hast du unglaublich viel Zeit gewonnen, weniger Stress, und Geld wirst du auch sparen, weil du nicht mehr so oft spontan Klamotten und Accessoires kaufst, die du dann nie trägst.

Und wenn du verreisen willst: kein Problem. Du kannst einfach alle deine Sachen in einem Koffer mitnehmen und musst nicht lange überlegen, was du einpacken sollst.

Das Home Office

Ordner, Rechnungen, Lohnbescheinigungen, Bedienungsanleitungen: im Heimbüro stapeln sich meist jede Menge Dinge. Auch, wenn wir nicht von zu Hause aus arbeiten, so gibt es doch einige Dokumente, die wir nutzen und aufheben. Minimalismus im Home-Office hilft dir, dich auf die wichtigen Dinge zu konzentrieren und anstehende Aufgaben wie beispielsweise die nächste Steuererklärung effizient zu bearbeiten.

Dein Arbeitsbereich sollte frei von allem sein, was dich vom Arbeiten abhält. Du brauchst kein großes "Büro", nicht unbedingt einen extra Raum, sondern nur einen gut organisierten Platz. Wichtig ist eine saubere, freie Schreibtischoberfläche. Was du oft benutzt, sollte in deiner Nähe sein. Alles, was du archivierst, solltest du so positionieren, dass du nicht immer aufstehen musst, um etwas abzuheften, auszudrucken etc.

Damit sind wir gleich beim wichtigsten Punkt: versuche es mit einem nahezu papierfreien Büro! Was du dafür brauchst, ist ein Scanner oder ein Fotoapparat oder dein Handy mit Fotofunktion. Es gibt mittlerweile sogar eine praktische Scanner-App für dein Handy: Tiny Scanner. Dann kannst du alle Dokumente einscannen oder abfotografieren und auf einer externen Festplatte oder in einer Cloud speichern. Nur bestimmte Dokumente, wie Urkunden, Verträge, Gehaltsbescheinigungen, Rentenbescheide etc. solltest du im Original behalten. Scanne sie trotzdem vorsichtshalber ein. Alle anderen Dinge, wie Kontoauszüge, Bedienungsanleitungen, Briefe, Rechnungen, Notizen kannst du einscannen und virtuell aufbewahren. Der Vorteil? Du sparst Platz und findest alles schneller! Einige Dokumente, vor allem Rechnungen und Kontoauszüge, werden mittlerweile per E-Mail versandt. Das kannst du in den Vertragsbestimmungen normalerweise ganz einfach regeln oder anpassen lassen. Damit sparst du dir das Scannen dieser Dokumente.

Wähle ein Archivierungssystem, in dem du dich gut zurechtfindest. Ich archiviere zunächst nach inhaltlichem Bezug: ich lege zum Beispiel den Ordner

Bewerbungsunterlagen an. Im Ordner selbst sortiere ich dann über den jeweiligen Dateinamen nach Datum und an zweiter Stelle nach Alphabet. Mögliche Dateinamen wären zum Beispiel: 990901_Abiturzeugnis.pdf und 140105_Lebenslauf.pdf. Durch den Dateinamen weiß ich sofort, dass mein Abiturzeugnis am 01. September 1999 ausgestellt worden ist und der Lebenslauf vom 05. Januar 2014 stammt. Ein weiterer Vorteil: Wenn ich die Dateien nach Dateinamen ordne, werden sie automatisch nach dem im Namen angegebenen Datum sortiert.

Ein gutes Dateiformat ist das PDF-Format. Wenn du die Datei an Behörden schickst, kannst du sichergehen, dass sie die Datei öffnen können und der Inhalt so dargestellt wird, wie auf deinem Rechner. Außerdem kannst du die Datei vor unerwünschten Änderungen schützen. Verzichte in deinem virtuellen Archiv auf zu viele einzelne Unterordner. Es sieht mit mehr Unterordnern zwar scheinbar aufgeräumter aus, aber du wirst vergessen, wo du eine einzelne Datei abgelegt hast und dann suchst du ewig. Mit sehr vielen Dateien in einem Ordner hast du in der Regel überhaupt kein Problem. Du kannst nach Dateityp und Datum ordnen. So findest du alles viel schneller.

Viele Dateien wirst du auch gar nicht dauerhaft brauchen. Für solche Dateien empfehle ich dir einen Ordner "Temporär" anzulegen, direkt auf dem Desktop. Diesen Ordner kannst du ab und zu leeren. Dadurch stellst du sicher, dass im eigentlichen Datei-Ablagesystem nur die wichtigen Dateien liegen.

Wie du noch weiter Platz auf dem Schreibtisch sparen kannst? Benutze keine Schreibtischlampe, sondern bringe Spots an der Wand oder am Regal an. Auch der Kabelsalat ist nervig. Es gibt einige gute Tools, mit denen du der ganzen Kabel Herr werden kannst. Schau mal auf meinem

Blog vorbei, dort habe ich das Thema etwas ausführlicher behandelt. Je weniger Geräte du in deinem Heimbüro hast, desto weniger Kabel musst du vernetzen. Versuche also Geräte zu kaufen, die mehrere Funktionen beinhalten: zum Beispiel einen Drucker mit Kopier-, Fax- und Scanfunktion. Du kannst auch auf ein Festnetztelefon verzichten, wenn du ein Handy hast. Eventuell reicht dir ein Notebook oder ein Tablet-PC statt eines großen Rechners mit extra Bildschirm. Nutze Bluetooth- statt Kabelverbindungen, wo es geht, beispielsweise für die Maus und die Tastatur deines Rechners, die Kopfhörer und die Lautsprecher.

Schaffe dir einen physischen Postein- und Ausgang. Wir haben eine Ablage für Unerledigtes (Überweisungen, Briefe etc.), eine Ablage für offene Rechnungen und eine Ablage für die erledigten Sachen, die abgeheftet oder eingescannt werden. Du musst nicht immer alles sofort archivieren. Warte bis ein gewisser Stapel zusammengekommen ist und erledige das dann in einem Rutsch. Das ist effizienter... Wie unser Papier-Ablagesystem zu Hause aussieht, zeige ich dir auf meinem Youtube-Kanal. Ich erkläre dort auch, warum du keine Bedienungsanleitungen aufheben musst.

So wie dein Büro gestaltet ist, sollte übrigens auch dein Computer aussehen. Halte den Desktop möglichst frei. Schalte Funktionen wie die Email-Benachrichtigung oder Online-Chats aus. So kannst du dich voll und ganz darauf konzentrieren, was du gerade machst. Für Emails, surfen und chatten nimm dir gesondert Zeit.

Wenn möglich, versuche dein Büro so gut es geht, virtuell zu halten. Dann kannst du es überall hin mitnehmen und auch mal im Grünen die nächste Steuererklärung vorbereiten. Diese Tipps kannst du natürlich auch in deinem Büro auf Arbeit umsetzen.

Die Küche

Gerade bei Lebensmitteln schafft die Werbung es immer wieder, uns zum Kauf zu verleiten. Wir probieren gern Neues aus und wollen Abwechslung in der Küche. Oft testen wir das außergewöhnliche Rezept einmal und dann fristen die speziellen Zutaten ihr Dasein in unserem Küchenschrank. Kontrolliere also zunächst deine Lebensmittel. Was noch haltbar ist, du aber in absehbarer Zeit nicht nutzen wirst, kannst du verschenken: an deine Freunde, Nachbarn oder an Fremde über www.foodsharing.de. Mittlerweile gibt es in vielen Orten auch Foodsharing-Gruppen auf Facebook. Gib einfach mal foodsharing und den Namen deines Wohnortes ein – vielleicht ergibt sich da was für Dich. Mehr dazu, was du an Lebensmitteln einkaufen solltest und wie du den Überblick behältst, findest du im Kapitel zum Thema minimalistisch Essen und Trinken.

Jetzt nimm dir das Geschirr vor. Wie viele Tassen, Teller, Besteck etc. brauchst du täglich? Brauchst du Geschirr für Gäste oder größere Feiern? Dann packe das alles in eine Kiste und verstaue es so, dass es auch mal im Fall eines Überraschungsbesuchs griffbereit ist. Wir teilen mit unseren Nachbarn eine Kiste, die mit Geschirr, Besteck und Gläsern für 25 Personen gefüllt ist. Das alles steht bei uns im Abstellraum. Wenn wir also Gäste haben, können wir dieses Geschirr nutzen und müssen nicht immer bei den Nachbarn klingeln, um uns noch mehr Besteck oder Gläser zu besorgen. Gleichzeitig sparen wir alle unglaublich viel Platz. Vielleicht klappt so etwas ja auch mit deinen Nachbarn.

Wir teilen übrigens auch mit unseren Nachbarn die Kaffeemaschine. Wir sind alle keine Kaffeetrinker, aber wenn Besuch kommt, wollen wir natürlich einen Kaffee anbieten. Deshalb haben wir uns entschlossen, eine

Maschine für beide Familien zu kaufen. Die haben wir schon seit mehreren Jahren und noch nie gab es den Fall, dass beide Familien die Maschine gleichzeitig brauchten und falls es doch einmal vorkommt: finden wir bestimmt spontan eine Lösung dafür.

Kontrolliere alle Geräte, die du in der Küche hast: was davon brauchst du wirklich und was war einfach mal eine tolle Lifestyle-Idee, wird aber nie von dir benutzt? Bist du ein Single könntest du sicher ohne Spülmaschine und wahrscheinlich auch ohne Herd auskommen. Bei einer fünfköpfigen Familie sieht es da anders aus.

Ich habe in der Zwischenzeit die Mikrowelle abgeschafft. Die hatten wir mal geschenkt bekommen: aber ich habe eigentlich nur Popcorn darin gemacht – das geht auch gut im Topf. Also konnte dieses große Gerät schon mal weg. Auch auf die Brotschneidemaschine verzichten wir nun – Brot kann ich beim Bäcker schneiden lassen – ein weiteres Gerät hat sich damit in Luft aufgelöst. Wir hatten auch einen relativ großen Entsafter, aber ich habe festgestellt, dass wir den Saft, den wir am liebsten trinken, nur relativ aufwendig damit zubereiten können, nämlich Orangensaft. Deshalb wurde der große Entsafter gegen eine viel kleinere Saftpresse eingetauscht. Damit haben wir viel mehr Platz in der Küche geschaffen.

Falls du oft unter Zeitdruck in der Küche arbeitest, sortiere die Lebensmittel und das Zubehör so, wie du sie auch nutzt, damit du keine langen Wege hast: Was du morgens zum Frühstück brauchst, könnte in einer Kiste immer bereitstehen. Die Töpfe, Nudeln, Reis und Gewürze solltest du in greifbarer Nähe des Herdes positionieren. Auch mit einer immer freien Arbeitsplatte oder -fläche sorgst du für einen reibungslosen Ablauf in der Küche.

Das Bad

Wir als Familie machen zurzeit etwas ganz Verrücktes: minimalistische Körperpflege. Klingt erstmal furchtbar, aber ich kann dir versichern: es funktioniert! Wir sind nicht die Ersten, denen aufgefallen ist, dass Shampoo und Co. für unsere Haut nicht das Beste sind. Deshalb verzichten wir seit einiger Zeit darauf.

Mein Mann hat dieses Experiment als erster gewagt. Er treibt sehr viel Sport, schwitzt also regelmäßig und ich kann dir versichern: kein unangenehmer Körpergeruch! Deshalb habe ich mich getraut, es auch mal zu probieren. Bei mir war es mit meinen langen Haaren schon etwas schwieriger, mal eben auf das Shampoo zu verzichten, auch das Duschen ohne Seife kostete mich Überwindung. Trotzdem bin ich von der Logik dahinter überzeugt: unsere Haut hat nicht umsonst eine Schutzschicht und genau diese Schutzschicht waschen wir mit Seife regelmäßig weg.

Es war schon eine Herausforderung, auf das Waschen ohne Shampoo umzusteigen: die ersten sechs bis acht Wochen fettet das Haar nämlich ordentlich nach, weil die Kopfhaut gewohnt ist, sich gegen das ständige Abspülen mit Shampoo durch die Produktion von Talg zu wehren. Sie wird ja ständig durch das Shampoo künstlich entfettet und produziert darum neues Fett nach. Deshalb habe ich anfangs die Haare täglich mit Wasser ausgewaschen.

Wenn du das Waschen ohne Shampoo auch mal testen möchtest und du das Gefühl hast, deine Haare sind extrem fettig, kannst du (vorrübergehend) mit Zitronenwasser waschen oder du greifst einfach auf den Mützentrick zurück. Auch bei einem Zopf fällt nicht so schnell auf, wenn die Haare etwas fettiger sind. Die Kopfhaut normalisiert sich schon nach einigen Wochen und die Abstände zwischen dem Haare Waschen konnte ich immer weiter verlängern. Positiv ist mir aufgefallen, dass meine Haare trotzdem angenehm riechen – ich hatte befürchtet, dass sie einen komischen Eigengeruch entwickeln – und die Kämmbarkeit hat sich wirklich stark verbessert, auch hier war ich eher vom Gegenteil ausgegangen. Probleme mit der Kopfhaut habe ich keine und mein Mann ist jetzt endlich seine Schuppen losgeworden.

Ich glaube nicht, dass ich in naher Zukunft nochmal nach Shampoo und Co. greifen werde. Es lohnt sich, das mal auszuprobieren. Ich weiß, es ist ein extremer Schritt und nur für die zu empfehlen, die etwas abenteuerlustiger sind. Ich habe natürlich nichts dagegen, wenn du lieber bei Shampoo und Seife bleibst.

Seife ist in gewissen Situationen einfach auch mal notwendig! Insbesondere das Hände Waschen halte ich immer noch für sehr wichtig, gerade, weil wir durch die Kinder mit vielen Keimen in Kontakt kommen. Ich mache unsere Handseife, die man natürlich auch für andere Körperregionen verwenden kann, jetzt selbst, weil es schnell geht und natürlich viel günstiger ist, als die Seife im Laden zu kaufen. Falls du die Flüssigseife nachmachen willst, schau dir die kurze Videoanleitung von mir auf meinem Youtube-Kanal an.

Eine andere Möglichkeit, die Körperpflege ganz reduziert anzugehen, ist die Benutzung von Natron. Dieses alte Hausmittel kann völlig ausreichend für deine gesamte Körperpflege sein. Mit Natron kannst du dir die Zähne putzen (eine Prise auf die feuchte Zahnbürste geben), die Haare und das Gesicht waschen. Du kannst es sogar als Deo verwenden, indem du etwas davon mit Wasser gemischt in eine Sprühflasche gibst und es auf die entsprechenden Körperstellen aufsprühst. Weil Natronpulver basisch und rückfettend ist, musst du es nicht noch einmal abspülen.

Ich besitze noch einen Lippenstift, den ich ab und zu auch als Rouge benutze. Mehr Make-Up und Kosmetika gibt es bei mir nicht. An dieser Stelle will ich dir noch einmal den Rat geben, an einer Farbberatung teilzunehmen, denn die richtigen Farben lassen dich nicht nur in deinen Klamotten besser aussehen, sondern deine Haut sieht in Kombination mit diesen Farben gesünder aus, die Zähne wirken weißer und deine (natürliche) Haarfarbe kommt viel besser zur Geltung. So musst du dich nicht künstlich mit viel Make-Up „aufhübschen" und sparst an dieser Stelle viel Zeit und Nerven. Auch Männer haben bestimmte Farben, die ihnen besser stehen!

Eine Creme nutze ich übrigens nicht. Auch mein Mann hat sich mittlerweile davon befreit. Er war jahrelang regelrecht „abhängig" von Gesichtscreme und hat sich das Zeug fast stündlich draufgeschmiert, damit seine Haut nicht unangenehm spannt. Jetzt benutzt er gar keine Creme mehr, ohne Probleme! Im Winter, wenn die Haut schon mal kribbeln kann, nutze ich gern Kokos-Öl. Das riecht angenehm und man kann es am ganzen Körper für die Hautpflege nutzen. Ich habe davon einen Tiegel im Kühlschrank. Das Öl gibt es zum Beispiel günstig bei dm.

Du kannst vermutlich auch jedes andere Pflanzenöl für deine Hautpflege verwenden, so lange du auf Bio-Qualität achtest. Meine Hebamme hat mir zur Pflege von Babypopos und für Babymassagen Olivenöl oder Mandelöl empfohlen. Was für die zarte Babyhaut gut ist, kann für uns Erwachsene ja auch nicht so schlecht sein...

Wenn du Make-Up, Cremes etc. nutzt, beschränke dich auf das Nötigste. Überlege dir vor einem Kauf, ob du das wirklich brauchst. Mit der richtigen Ernährung (siehe minimalistisch Essen und Trinken) trägst du dazu bei, dass deine Haut von allein rein bleibt, ohne Hilfe von außen.

Ein Tipp, vor allem für Männer, obwohl natürlich auch viele Frauen das problemlos umsetzen: Du könntest dir die Kopfhaare abrasieren, damit du dich um deine Haarpflege nicht mehr kümmern musst. Entscheide selbst, wieweit du bereit bist zu gehen. Minimalismus soll dich natürlich nicht quälen, sondern deine Situation verbessern.

Im Bad gilt, wie in allen Bereichen deiner Wohnung: je mehr Zeug du auf den Oberflächen stehen hast, desto mehr Aufwand bedeutet für dich das Putzen. Verstaue alles in Schränken und verzichte darauf, irgendwelche Proben aufzuheben. Verschenke sie, wenn du sie nicht entsorgen willst.

Wir haben im Bad unsere Waschmaschine, deshalb will ich dir noch einen Tipp geben: mach dein Waschmittel selbst! Das geht total einfach, ganz schnell und du sparst damit extrem viel Geld. Waschmittel ist ja nicht gerade billig, insbesondere, wenn du wie ich Kleidung für fünf Personen waschen musst. Ich habe deshalb angefangen, unser Flüssigwaschmittel selbst herzustellen – keine Angst, das geht ganz schnell und die Zutaten sind ganz einfach. Auf meinem Youtube-Kanal findest du eine Videoanleitung dafür.

Es gibt auch noch ein Waschmittel aus der Natur, welches du vielleicht noch nicht kennst: Efeu. Ich habe das auch schon ausprobiert und es funktioniert wunderbar. Die Wäsche bekommt sogar einen ganz frischen Duft. Dafür musst du nur eine Hand voll Efeu-Blätter pflücken, sie zerschneiden und dann in eine Socke stecken und mit in die Wäsche geben. Dann nur noch den Waschgang einstellen: fertig! Günstiger geht es nicht! Ich bin nur immer zu faul extra in den Garten zu rennen und den Efeu zu pflücken (Dachgeschosswohnung). Deshalb habe ich mich für das oben genannte Flüssigwaschmittel entschieden.

Das Kinderzimmer

Kinder sind für Minimalisten eine ganz besondere Herausforderung. Nichts zieht mehr Kram an als ein Kinderzimmer. Du kannst die Prinzipien des Minimalismus auch mit deinen Kindern umsetzen, beachte dabei aber die Bedürfnisse der Kinder. Sie lieben es, Gegenstände zu sammeln und zu sortieren. Sie haben gern kleine Schätze, die sie aufbewahren wollen. Das nutzt die Industrie natürlich schamlos aus und Kinder können sich den Einflüssen von Werbung und Co. kaum erwehren. Besprich mit deinen Kindern, was sie sammeln könnten. Das müssen keine Sammelkarten oder Überraschungseifiguren sein! Wie wäre es mit Naturschätzen wie Steinen, Tannzapfen oder Muscheln? Die Kinder können sie noch weiter verzieren und sich Schmuck daraus basteln. Erkläre deinen Kindern die Strategien der Werbung, damit sie lernen, dem Konsumrausch zu widerstehen. Gib deinen Kindern eine schöne Kiste oder eine kleine Schatztruhe. Die dürfen sie füllen. Wenn die Kiste voll ist, müssen sie immer etwas rausnehmen, bevor sie wieder etwas Neues reinlegen dürfen.

Damit es bei uns nicht immer zu einem totalen Chaos kommt, bewahre ich die Spielsachen der Kinder sortiert in verschiedenen Kisten auf. So stelle ich sicher, dass die Kleinen, nachdem sie etwas benutzt haben, es auch wieder aufräumen, bevor sie mit etwas Neuem beginnen. Bestimmte Spielsachen bekommen sie nur zu besonderen Anlässen: zu Weihnachten das wunderschöne Puppenhaus von Oma oder wenn sie krank sind, das ganz besondere Märchenbuch. Dann können die Kinder ihre Spielsachen immer wieder neu entdecken und sie freuen sich ehrlich, ohne überfordert zu sein von der Fülle der Möglichkeiten.

Im Kinderzimmer und im Kinderspielbereich im Wohnzimmer habe ich jeweils noch eine leere Kiste stehen. Falls sich überraschend Besuch ankündigt, schmeiße ich dort schnell das noch herumfliegende Spielzeug rein und hab ruckzuck Ordnung.

Geh regelmäßig die Spielsachen deiner Kinder durch und entsorge alles, was kaputt ist. Was noch funktioniert, aber nicht mehr bespielt wird, weil die Kinder jetzt aus dem Alter raus sind, kannst du weiterverschenken oder auf Ebay verkaufen.

Wenn ein Geburtstag oder Weihnachten ansteht, besprich unbedingt mit den Verwandten und Freunden, was den Kindern geschenkt werden soll. Sonst wird das Kind mit Spielsachen nur so überhäuft! Vielleicht könnt ihr alle gemeinsam etwas schenken, was das Kind sich schon lange wünscht. Und vergiss nicht: deinen Kindern ist deine Liebe und Zeit wichtiger als Materialismus. Wenn ihr viel gemeinsam unternehmt, haben deine Kinder mehr davon, als wenn du dein Geld in teures Spielzeug oder aufwändige Freizeitaktivitäten steckst. Das gilt auch für Omas und Opas: klar es gibt kaum was Schöneres, als die strahlenden Kinderaugen, wenn sie etwas geschenkt bekommen, aber noch schöner ist doch ein gemeinsamer Tag mit ihnen, oder nicht? Schau mal auf meinem Blog vorbei: dort habe ich für mein Buch „Mehr Geld." eine Liste von 100 Aktivitäten mit Kindern erstellt, die nichts oder fast nichts kosten.

Minimalistische Erziehung?

Wir schenken unseren Kindern so viel Liebe, wie wir nur können. Wir glauben, dass diese Liebe die Basis für ein glückliches Leben ist. Wir möchten, dass unsere Kinder wissen: sie können sich auf uns verlassen und unsere Liebe für sie ist bedingungslos. Wir schlafen mit den Kindern in einem Familienbett, so lange die Kinder das wollen. Sie sind 2, 5 und 7 Jahre alt und machen noch keine Anstalten, das Familienbett zu verlassen. Wir sind überzeugt: Kinder brauchen diesen (familiären) Rückhalt, um später selbst einmal emotional starke Menschen zu werden. Das heißt natürlich nicht, dass sie alles dürfen. Uns Eltern ist es genauso wichtig, dass wir Erwachsenen auch Freiräume behalten können und natürlich gibt es feste Regeln bei uns. Wir nennen das „definierte Freiheit". Zum Beispiel dürfen unsere Kinder fernsehen, aber nur am Wochenende, dann können sie, innerhalb der Altersgrenzen auch frei entscheiden, was sie schauen wollen.

Ich sehe das so: je mehr Selbständigkeit wir unseren Kindern zugestehen, desto weniger Stress haben auch wir Eltern. Lies unbedingt Tom Hodgkinsons Buch: "Leitfaden für faule Eltern." Er erklärt dir, wie entspanntes Leben mit Kindern und ohne Materialismus funktioniert.

Unsere Große ist jetzt ein Schulkind und leider sehe ich, dass gerade die Schule, die Freiheit meiner Tochter sehr einschränkt. Der Tag ist schnell voll mit Lernen und Hausaufgaben und es bleibt nicht viel Zeit für Muße und freies Spielen. Dabei lernen die Kinder im freien Spiel am besten. Hier bin ich selbst gerade am experimentieren und nachdenken, wie ich meinem Kind die Schulzeit so leicht und frei wie möglich gestalten kann. Zum Thema freudiges Lernen habe ich ein weiteres Buch geplant. Schau also regelmäßig auf meinem Blog vorbei, wenn dich dieses Thema auch umtreibt. Dann erfährst du am schnellsten, wann das Buch fertig ist.

Minimalistisch und gemütlich

Nun hast du alles entrümpelt, viel Freiraum und Fläche in deiner Wohnung, aber ist es denn jetzt noch gemütlich in deinem Zuhause?

Hier sind meine ultimativen Minimalismus-Gemütlichkeitstipps für dich:

Gemütlichkeit geht für mich auf jeden Fall nicht ohne Ordnung. Ich kann mich in einer unordentlichen Umgebung nicht entspannen. Minimalisten sind da klar im Vorteil: aufräumen geht nämlich viel schneller. Also ist Schritt eins für eine gemütliche Atmosphäre immer: die Wohnung in Schuss bringen. Umso mehr kannst du dann genießen und entspannen.

Beseitige auch alles aus deinem Blickfeld/aus deiner Wohnung, was dich an Unangenehmes erinnert. Das wirkt alles unbewusst auf deine innere Verfassung: das können Erinnerungen an einen Ex-Partner sein (mehr dazu im Kapitel „Was mache ich mit meinen Erinnerungen?“) oder einfach Gegenstände, die dich an die Arbeit oder noch Unerledigtes erinnern. Du wirst dich viel besser entspannen können, wenn du nicht immer noch anstehende Aufgaben im Blick hast und die Wohnung ruhig und aufgeräumt wirkt.

Du musst nicht unbedingt deine Heizung extra weit aufdrehen, um die Wohnung gemütlicher zu machen, meist hilft es ja auch schon, sich einfach etwas wärmer anzuziehen. Hol deine dicken Socken aus dem Schrank, den Lieblingskuschelpullover und dazu die bequemen Schlumperhosen.

Düfte helfen dir dabei, eine angenehme gemütliche Atmosphäre in der Wohnung zu schaffen. Jeder liebt andere Gerüche. Ich zum Beispiel mag Lavendel oder Vanille aber auch Orangenduft. Welche Gerüche magst du? Für schöne Düfte brauchst du keine teuren Öle zu kaufen:

Mit Orangen und Nelken kann man sich zum Beispiel ganz einfach selbst eine Duftquelle basteln: dafür einfach die Nelken in die Orangenschale spicken und sie auf einen Teller legen oder aufhängen. Lavendelsäckchen könntest du dir auch ganz leicht selbst nähen.

Das Licht spielt natürlich eine entscheidende Rolle für die Gemütlichkeit. Das Flackern von Kerzen ist sehr heimelig und erzeugt Wärme. Minimalistische, akzentuierte Lichtquellen bieten zum Beispiel auch energiesparende Halogenstrahler. Ich beleuchte nicht die ganze Wohnung, sondern nur die Ecke, in der ich gerade sitze und arbeite oder lese.

Angenehme Musik hilft ebenfalls, den Gemütlichkeitsfaktor zu erhöhen. Ich mag zurzeit schöne, entspannende Klänge. Mit der kostenlosen App „Relax Melodies Oriental Meditation“[10] kann ich mir jederzeit heimelige Klänge ins Wohnzimmer zaubern. Am liebsten mag ich das Geräusch von Regen und Gewitter.

Ein etwas ungemütlicher Tipp: Geh eine Stunde raus! Falls es kalt ist oder regnet, umso besser. Pack dich dafür richtig schön ein und genieße die frische Luft! Wenn du dann wieder ins Warme zurückkehrst, wirkt alles noch viel gemütlicher.

Nutze warme Gewürze: ich liebe Vanille und Zimt auf meinem morgendlichen Frühstücksbrei und schärfere Gewürze wie Pfeffer und Chili an meinem Mittag essen. Sie wärmen von Innen.

Gemütlichkeit ist mehr als nur die bestimmte Ausstattung einer Wohnung. Wenn ein Ort gemütlich ist,

---

[10] siehe eBook

heißt es vor allem, dass du dich hier wohl fühlst. Achte also besonders auf dich selbst und wie du dich fühlst. Denke darüber nach, wie du dir etwas Gutes zu Hause tun kannst, mit einer Tasse Tee, einer Meditation oder Yoga beispielsweise.

DIE HARTE TOUR

Marty Stano lebt den Minimalismus. Auf Youtube[11] findest du eine sehr inspirierende Rede von ihm. Alles, was er braucht sind ein Zelt und warme Sachen. Es macht ihn glücklich, dass er seinen ganzen Besitz in einem Rucksack auf seinen zwei Beinen tragen kann. Wie weit möchtest du gehen? Was brauchst du wirklich zum Leben?

Wenn du das möglichst schnell herausfinden willst, empfehle ich dir die Methode von Joshua Fields Millburn und Ryan Nicodemus:[12] veranstalte eine Umzugsparty. Ich möchte nicht, dass du tatsächlich umziehst, aber lade dennoch deine Freunde ein, um dir beim Packen zu helfen. Packe all deine Sachen so, als müsstest du aus der Wohnung ausziehen. Nutze ein Zimmer oder einen Bereich deiner Wohnung, den du wahrscheinlich nicht brauchst, um alles dort unterzubringen. Falls du nicht den Platz hast, auch die Möbel dort unterzustellen, decke sie mit einer Decke oder Folie ab! Und jetzt? Lebe in deiner Wohnung. Wenn du etwas brauchst, packe es aus. Nach drei Wochen, entsorge alles, was du nicht ausgepackt hast. Mach dich darauf gefasst, dass es eine ganze Menge Zeug sein wird.

Ganz extrem und lustig hat es der finnische Filmemacher Petri Luukkainen getrieben, in seinem Film: „My Stuff." Er hat all seinen Besitz in einem Lager untergestellt und durfte dann jeden Tag nur eine Sache aus diesem Lager heraus holen. Unbedingt anschauen!

---

[11] "Marty Stano adventures with minimalism"

[12] Theminimalists.com

DEIN LEBEN

Essen und Trinken

Das Essen unserer Zeit ist geprägt von Maßlosigkeit. Um das zu erkennen, musst du nur einmal einen Supermarkt betreten: die Regale quellen über von Fleisch und Milchprodukten. Massentierhaltung ermöglicht diese Maßlosigkeit, auf Kosten der Tiere, der Umwelt und unserer eigenen Gesundheit. Dafür kommen immer seltener ursprüngliche, unbehandelte Lebensmittel wie Obst, Gemüse, Reis und Co. auf den Tisch. Das Verhältnis hat sich umgekehrt. Fleisch und Milch sind günstig wie nie und Obst und Gemüse nur für Gutverdiener geeignet…

Du solltest darüber nachdenken, was du für eine gesunde Ernährung wirklich brauchst. Minimalistisch heißt: so wenig Aufwand wie möglich, mit soviel Output wie möglich. Du möchtest nicht viel Zeit mit dem Essen verschwenden aber topfit sein. Dann solltest du Lebensmittel bevorzugen, die keiner großen Zubereitung bedürfen und so ursprünglich wie möglich sind, also kaum verarbeitet. Das sind:

- Früchte: Äpfel, Birnen, Bananen, Weintrauben, Erdbeeren, Blaubeeren, Orangen, Kirschen etc.
- Gemüse: Salate, Brokkoli, Blumenkohl, Kohl, Möhren, Suppengrün etc.
- Knollen und stärkehaltiges Gemüse: Kartoffeln, Süßkartoffeln, Kürbis, Mais, Erbsen etc.
- Vollkorn: Reis, Hirse, Haferflocken, Gerste, Weizen, Quinoa etc.
- Hülsenfrüchte: Kidneybohnen, grüne Bohnen, Kichererbsen, Linsen, Limabohnen etc.

Ich persönlich rate dir zum Verzicht auf alle tierischen Produkte, raffinierten Öle und weitgehend auch auf Salz. Eine Ernährung, die auf möglichst unverarbeiteten, rein pflanzlichen Lebensmitteln beruht ist sehr gesund und einfach. Die wissenschaftliche Begründung für eine pflanzenbasierte Ernährungsweise findest du unter www.nutrionfacts.org (Englisch) und auf www.provegan.info. In meinem Buch „Ernährung als Brustkrebskiller. Erkenntnisse aus 250 internationalen Studien." habe ich mich ausführlich mit den gesundheitlichen Vorteilen pflanzlicher Nahrungsmittel auseinandergesetzt.

Beim Trinken solltest du weniger minimalistisch denken. Die Mehrzahl der Menschen ist dehydriert. Wenn dein Urin gelblich oder gar dunkelgelb verfärbt ist, heißt das, du trinkst zu wenig. Bei mir äußerte sich das stets in Kopfschmerzen und Müdigkeit. Das hat sich schlagartig geändert, als ich mir angewöhnte, über den Tag viel Wasser zu trinken. Am besten du trinkst gleich nach dem Aufstehen am Morgen und jeweils eine Viertelstunde vor deinen Mahlzeiten (Mittag und Abendessen) mindestens einen halben Liter Wasser.

Kochen

Wenn du es dir einfach machen willst, erstelle dir einen Wochen- oder Monatsplan mit einer begrenzten Anzahl an einfachen Gerichten, die du auswendig kennst und deren Zutaten du immer zu Hause hast (den haltbaren Teil). Dann kannst du diesen Essenplan immer wiederholen und nach Belieben variieren. So brauchst du dir keine großen Gedanken mehr um das Kochen zu machen und auch das Einkaufen nimmt viel weniger Zeit in Anspruch.

Besonders, wenn du Kinder hast, solltest du diesen Rat beherzigen. Kinder essen sowieso am liebsten immer die gleichen Gerichte. Sie mögen keine Experimente, also mach dir das Leben ein bisschen einfacher, indem du nur bestimmte Gerichte zur Auswahl nimmst. Natürlich kannst du auch mal etwas Neues ausprobieren und es gegebenenfalls in deinen Menüplan mit aufnehmen. Vermeide jedoch teure Spezialprodukte, die dann jahrelang ungenutzt ihr Dasein in deinem Kühlschrank fristen.

Noch effizienter wird es, wenn du vorkochst und das frisch eingekaufte Obst und Gemüse gleich in mundgroße Stücke teilst, so dass du nur in den Kühlschrank greifen musst und schon eine fertige Mahlzeit oder einen gesunden Snack in der Hand hast. Das ist in den USA ein ganz großer Trend: Meal Prep genannt. Mit Hilfe dieser Vorbereitungen sparst du nicht nur Zeit und Geld, sondern kannst dich und deine Familie auch dabei unterstützen, sich gesünder zu ernähren.

Stell deinen Kindern viel Obst, Gemüse und Nüsse zur freien Verfügung, am besten so, dass sie es sich jederzeit selbst nehmen können. Damit unterstützt du die gesunde Ernährung deiner Kinder ganz nebenbei. Ein kostenloses eBook mit einfachen und gesunden Rezepten für Kinder, kannst du auf meinem Blog[13] herunterladen.

Was mache ich mit meinen Erinnerungen?

Ein Minimalist lebt im Hier und Jetzt. Er hängt weder an der Vergangenheit noch an einer möglichen Zukunft. Er kann loslassen. Wir haben oft Probleme damit, Gegenstände wegzugeben, die uns an etwas oder jemanden erinnern. Bestimmte Objekte sollen uns kostbare Augenblicke zurückbringen. Was wir nicht merken: der Kram und die Erinnerungen beschweren uns. Wir können nicht im Hier und Jetzt aktiv und konzentriert sein, wenn

---

[13] www.sina-jasur.de/downloads-3

wir in der Vergangenheit weilen. Dabei vergessen wir auch, dass die Erinnerungen ja in unserem Kopf stecken, nicht in den Gegenständen selbst.

Fotos zum Beispiel: Heutzutage machen wir so viele Fotos, dass jede Familie ein eigenes Archiv braucht. Wir werden der Fotoschwemme gar nicht mehr Herr und es kostet große Mühe und Zeit, die ganzen Fotos und Videos zu verwalten. Cary Fortin[14] rät deshalb, aus allen Fotoalben die fünf schönsten Fotos herauszusuchen und digital zu speichern. Nicht mehr! Suche dir die wertvollsten Erinnerungen heraus. Und wenn du Angst hast, die Fotos wegzuschmeißen nimm eine kleine (!) Kiste, in der du deine liebsten Bilder verstaust. Wenn die Kiste zu voll wird, sortierst du wieder ein paar Bilder aus und entsorgst sie. Überlege dir, wer eventuell auch noch Abzüge hat. Von allen möglichen Familienevents gibt es bei den Verwandten die gleichen Abzüge. Wenn du doch mal ein Bild vermisst, kannst du es dir aus anderer Quelle ganz leicht wiederbeschaffen... Das erleichtert dir vielleicht das Entsorgen der Bilder.

Fotos kannst du auch nutzen, um dich von Objekten zu trennen: du hast vielleicht einen alten Reisekoffer vom verstorbenen Großvater, einen alten Liebesbrief, Postkarten aus dem Ferienlager. Was auch immer. Mach ein Foto davon und gib das Objekt weg. Das löscht nicht deine Erinnerungen. Lege auf deinem Computer einen Ordner an und nenne ihn: Dinge, die ich liebe. Füge dort die Fotos von den Sachen ein, die dir viel bedeuten. Dort kannst du sie dir jederzeit ansehen. Dich von solchen Objekten zu befreien, wird dir helfen, Verluste zu verarbeiten und im Leben, das gerade passiert, anzukommen.

---

[14] newminimalism.com

Geld sparen

Nehmen wir mal an, du hast einen Traum und alles, was dich davon abhält, ist das Geld, das du nicht hast. Wenn du Minimalist bist, wird sich auch deine Beziehung zum Geld ändern: Rosetta Thurman[15] träumte davon zu reisen, viel zu reisen. Sie hatte aber nicht das nötige Kleingeld. Sie wohnte in einer schönen Wohnung in Washington, die sie viel Miete kostete. Ausziehen wollte sie eigentlich nicht, weil die Wohnung eine für sie günstige Lage hatte. Rosetta hat sich dennoch dafür entschieden. Sie teilt sich nun mit jemandem eine Wohnung in ähnlicher Lage und kommt jetzt mit viel weniger Platz aus. Das funktioniert, weil sie einen minimalistischen Weg einschlug und sich von vielen ihrer Möbel getrennt hat. Mit der neuen Wohnung sparte sie genug Geld, um sich eine Reise nach Hawaii leisten zu können.

Wenn du Geld brauchst, musst du dir zunächst einmal Gedanken darüber machen, was dir wirklich wichtig ist und vor allem, worauf du getrost verzichten kannst. Rosetta war die große Wohnung nicht so wichtig, also testete sie das Leben mit einer Mitbewohnerin.

Wir geben oft sinnlos Geld aus, für Dinge, die uns gar nichts bedeuten, nur weil uns eingeredet wird, dass wir sie brauchen. Wofür gibst du Geld aus, dass dir und deinem Leben keinen Mehrwert bringt? Ich zum Beispiel gehe nur noch selten in Restaurants. Ich ziehe ein Familienfest zu Hause vor, und koche lieber selbst für meine Lieben. Mit Kindern ist ein Restaurantbesuch sowieso viel zu stressig. Ich trinke keinen Alkohol mehr und kaufe keine teuren Fertigprodukte. Wir machen mit den Kindern vor allem Ausflüge in die Natur und sparen uns die künstliche Bespaßung in Freizeitparks. Wir wohnen zu fünft in einer

---

[15] happyblackwoman.com

wunderschönen, aber etwas zu kleinen Wohnung. Ich kaufe meine Klamotten und die der Kinder am liebsten Second Hand. Das heißt nicht, dass wir in zerschlissener, alter Kleidung rumlaufen. Viele Leute geben ihre Kleidung schon nach kurzer Tragezeit weg. Auf www.kleiderkreisel.de kannst du dich überzeugen, dass man auch mit gebrauchten Klamotten stylisch und gut aussehen kann.

Hier noch ein paar Ideen, worauf du verzichten könntest: Magazine, die du nie liest, Luxus, den du dir leistest, wie der Friseurbesuch oder Wellnessangebote, der Coffee to Go jeden Morgen, Klamotten kaufen, Fertigessen/Fast Food kaufen (siehe meine Ernährungsempfehlungen), Bücher kaufen. Wenn dir etwas wirklich wichtig ist, könntest du eine Zeit lang darauf verzichten, ins Kino zu gehen oder mit Freunden auszugehen.

Du könntest dir ebenfalls deine Wohnung mit jemandem teilen oder dir eine kleinere Wohnung nehmen. Wenn du kein Bett mehr brauchst, könntest du auf ein Schlafzimmer verzichten. Oder du wirst Housesitter: Während der Abwesenheit der Eigentümer kümmerst du dich um den Garten und die Haustiere und kannst meist kostenfrei im Haus oder der Wohnung wohnen. Dann bezahlst du keine Miete mehr!

Vielleicht kannst du auf dein Auto verzichten? Das schluckt am meisten Geld. Kaufe dir lieber ein Fahrrad und lege damit alle Wege zurück. So bist du flexibel, brauchst keinen Parkplatz und wirst fit. Für längere Strecken suche dir eine Mitfahrgelegenheit oder fahre mit dem Bus. Du kannst auch Carsharing machen. Das ist in der Regel günstiger als ein eigenes Auto zu besitzen und zu unterhalten.

Wenn du wirklich darauf aus bist, Geld zu sparen, kannst du eine Challenge machen: gehe sechs Monate nicht shoppen! Erfahre die Freiheit, einmal Nichts kaufen zu müssen. Wenn du schönen Schnickschnack in den Läden siehst und das Bedürfnis verspürst, etwas zu kaufen, dann denke dir, du bist in einem Museum. Du bestaunst einfach nur die Artefakte, erfreust dich an ihrem Anblick, aber mit nach Hause nimmst du sie nicht. Gib den Reizen nicht nach und erinnere dich an deinen Traum, für den du bereit bist, auf sinnlose Einkäufe zu verzichten.

Wenn wir Minimalismus leben, verdienen wir vielleicht nicht mehr Geld als bisher, aber wir haben mehr Geld, weil wir es nicht mehr für bedeutungslose Aktivitäten oder "Shopping" ausgeben. Ein Minimalist ist automatisch sparsam. Wenn du weniger Geld ausgibst, könntest du weniger arbeiten und hättest mehr Zeit für Dinge, die dir wichtig sind. Dein Kopf wird frei, weil du nicht permanent darüber nachdenkst, was dir noch zu deinem Glück fehlt, weil du schon alles hast, was du brauchst. Du erfährst Ruhe und schöpfst Kraft für neue Kreativität.

Zahlreiche Tipps, wie du im Alltag Geld sparen kannst, findest du in meinem Buch: „Mehr Geld. Eine praktische Anleitung für den Alltag."

Wie viele Freunde brauchst Du wirklich?

Wenn du ein Minimalist sein willst, solltest du etwas egoistischer werden und lernen, "Nein!" zu sagen. Umgib dich mit Menschen, die positiv sind, die dich voranbringen. Menschen, mit denen du einfach gern zusammen bist. Ich habe es mir angewöhnt, Leuten, mit denen ich nicht auf einer Wellenlänge bin, höflich abzusagen, wenn sie mich einladen. Das heißt nicht, dass du jeder neuen Bekanntschaft aus dem Weg gehen sollst. Kontakte erweitern bekanntlich den Horizont, aber überlege dir gründlich, welche Verabredungen sich wirklich für dich lohnen. Hast du keine Lust zu einem Treffen zu gehen, dann sage einfach ab. Quäle dich nicht zu einer Party, auf die du sowieso keine Lust hast. Verschwende nicht deine kostbare Lebenszeit, nur um nicht unhöflich zu sein. Konzentriere dich auf die Freunde und Familienmitglieder, die dir wirklich wichtig sind. Das kannst du nicht, wenn du noch hunderte oberflächliche Kontakte hast, die dir nichts bedeuten.

Bedenke das auch bei deinen Online-Aktivitäten. Wie viel Zeit verbringst du mit Email, Facebook oder Twitter und ist diese Zeit wirklich sinnvoll eingesetzt? Begrenze deine Online-Aktivitäten auf bestimmte Zeiten oder versuche es gar mit internetfreien Tagen. Du wirst merken, dass du gar nichts verpasst, wenn du mal nicht online bist. Ich gehe mittlerweile vor allem sinnfreien Online-Diskussionen aus dem Weg. Es ist wichtig, klar seine Meinung kundzutun, aber ein ewiges Rumdiskutieren ist normalerweise nicht zielführend und erhitzt nur unnötig die Gemüter.

Versuche nicht länger, dich für Andere zu verbiegen. Unterstütze deine Mitmenschen, weil du es möchtest, nicht weil du glaubst, es tun zu müssen. Gehe bewusster damit um, was du willst und, was dir guttut. Wenn du mehr auf dich und deine Bedürfnisse achtest, hast du am Ende mehr Kraft, dich um die Bedürfnisse der Menschen zu kümmern, die dir wichtig sind.

Hier noch ein Tipp, falls es dir schwerfällt, „Nein“ zu sagen. Vielleicht bist du ja wie ich auch einer dieser reflexhaften Ja-Sager. Das heißt, wenn dich beispielsweise ein Arbeitskollege anruft und fragt, ob du seinen Bericht für ihn zu Ende schreiben kannst, sagst du erst einmal ja, ohne darüber nachzudenken. Dabei steckst du schon bis über beide Ohren in Arbeit, aber du kannst aus Höflichkeit nicht anders als „Ja!“ sagen – eben einfach ein Reflex.

Oder eine Freundin ruft an und will mit dir am Abend etwas trinken gehen: eigentlich hast du gar keine Lust, bist hundemüde und überhaupt ist dir das alles zu viel, aber du sagst „Ja!“, damit deine Freundin nicht traurig ist. Das Verrückte: der Arbeitskollege oder die Freundin werden es verkraften, wenn du „Nein!“ sagst. Aber wer kann schon gegen seine Reflexe angehen? Deshalb mache ich jetzt in solchen Situationen immer Folgendes: ich sage grundsätzlich, dass ich erstmal in meinen Kalender schauen muss und mich dann noch einmal zurückmelde. So kann ich mir in Ruhe überlegen, ob ich das überhaupt machen will, ob ich Zeit habe und kann dann auch ganz entspannt sagen, dass es jetzt einfach gar nicht geht. Mit diesem kleinen Trick hebelst du deinen Reflex aus und kannst in Zukunft hoffentlich öfter „Nein!“ sagen und deinen Alltag entspannter gestalten.

Minimalismus des Geistes

Ein Minimalist hat einen entspannten Geist. In seinem Kopf herrscht eine angenehme Ruhe, kein Wirrwarr der Gedanken. Wie schaffst du es, deinen Kopf frei zu machen?

Werde erstmal die negativen Gedanken los! Ich gebe dir einen ganz wichtigen Tipp: Lies keine Nachrichten mehr! Schau sie nicht im Fernsehen! Höre auch keine Nachrichten im Radio mehr! Wenn wirklich etwas Wichtiges passiert, wirst du es auch so erfahren. Verweigere dich dem Credo “Nur schlechte Nachrichten, sind gute Nachrichten”. Dann bist du auf einen Schlag einen Großteil deiner negativen Gedanken los.

Wenn dich ein Thema wirklich berührt, dann lies nicht nur darüber, sondern engagiere dich in irgendeiner Form, zum Beispiel in einem Verein dafür. Du brauchst auch keine Angst haben, dass du keine Ahnung mehr hast, was so los ist in der Welt. Du wirst es erfahren, keine Sorge, zum Beispiel über deine Familie, deine Freunde, die Arbeitskollegen. Was wirklich wichtig ist, werden sie dir erzählen. Sogar welche Partei du am besten wählen solltest, kannst du ohne Nachrichten herausfinden: Tim Ferriss[16] hat da einen ganz guten Trick: er informiert sich bei Freunden und Bekannten, in persönlichen Gesprächen, welche Partei für welches Programm steht. Oder du nutzt einfach kurz vor der Wahl den Wahl-o-mat. Was in den Nachrichten kommt, kannst du höchstwahrscheinlich nicht beeinflussen. Kümmere dich lieber um dein persönliches Umfeld. Hier kannst du wirklich etwas bewirken.

Noch immer negative Gedanken? Dann hör auf, schlechte Filme zu sehen. Verzichte auf den Fernseher und lass dich nicht vom Internet verleiten. Dieser ganze Müll, den du zu sehen bekommst, wird in deinem Kopf und in deinen Träumen bleiben. Wähle bewusst, was du dir ansiehst und wenn ein Film schlecht ist, schalte einfach ab. Du musst ihn nicht bis zum bitteren Ende sehen.

Weitere Tipps für einen klaren Kopf und gute Laune:

Lies noch einmal das Kapitel zur minimalistischen Ernährung - ob du es glaubst, oder nicht, was wir essen hat einen erheblichen Einfluss auf unsere Stimmung.

Lies noch einmal das Kapitel Wie viele Freunde brauchst du wirklich? Du sollst dich vor allem mit positiven Menschen umgeben, Menschen, die dich aufbauen, unterstützen und voran bringen.

---

[16] fourhourworkweek.com

Meditation wird dir helfen, deine Gedanken zu beruhigen. Oft sind es nicht die Einflüsse von außen, die uns nicht zur Ruhe kommen lassen. Es ist das Gedankenkarussell in unserem Kopf. Versuche es mit einer einfachen Übung: setze dich an einen möglichst ruhigen, ungestörten Ort, schließe die Augen und konzentriere dich auf deinen Atem. Wenn Gedanken kommen, nimm sie wahr und lass sie weiterziehen. Kehre mit deinen Gedanken immer wieder zum Atem zurück, ohne den Atem selbst zu beeinflussen. Beobachte ihn einfach nur. Je öfter du diese Übung machst, desto leichter wirst du auch in stressigen Situationen mit der Konzentration auf deinen Atem zu Ruhe kommen. Mach die Übung, wenn du an der Ampel stehst, in der Schlange an der Kasse oder an der Bushaltestelle. Diese Meditation hilft dir, das Hier und Jetzt bewusst wahrzunehmen und nicht immer in Gedanken woanders zu sein. Wenn du es schaffst, dich auf das zu konzentrieren, was gerade passiert, wirst du alles bewusster wahrnehmen und du wirst das Gefühl haben, dass das Leben nicht mehr so schnell an dir vorbeizieht.

Was noch zur guten Laune beiträgt und dir hilft, abzuschalten, ist viel Zeit an der frischen Luft: Wenn du auf dein Auto verzichtest und stattdessen Fahrrad fährst, schlägst du mehrere Fliegen mit einer Klappe: du sparst Geld, bist an der frischen Luft, hast weniger Stress mit dem Berufsverkehr und bewegst dich.

Betätige dich sportlich. Aber mache Sport nicht, weil du musst, sondern um Spaß zu haben. Es gibt so viele Sportarten. Such dir das heraus, was dir persönlich Freude bereitet. Wenn du mit deinen Kindern draußen bist, tobe mit ihnen, geht klettern, wälzt euch im Gras. Es lohnt sich, das Kind in dir wieder zu entdecken.

Nutze Affirmationen, um dein Unterbewusstsein zu

verändern. Das klingt jetzt etwas esoterisch, aber du kannst es ganz einfach mal ausprobieren. Du kennst doch sicherlich den Trick, dass man sich ein paar Minuten im Spiegel anlächeln soll, damit man fröhlicher wird und bessere Laune bekommt. Nun, so ähnlich funktionieren Affirmationen: du sagst dir zum Beispiel mehrmals täglich: „Ich glaube an mich!" Das wird dir helfen, dein Selbstbewusstsein zu stärken. Du kannst dich dafür auch auf ein Meditationskissen setzen und dich voll auf die Affirmation konzentrieren. Positive Affirmationen helfen dir, eine positive Grundeinstellung zu entwickeln. Eine genauere Anleitung, wie du mit Affirmationen arbeiten kannst, findest du im Artikel: „Wie du mit 7 Tipps dein Denken erfolgreich umprogrammierst."[17]

[17] nikolaj-günter.de

BLEIB DRAN!

Du hast es geschafft. Du bist ein Minimalist. Aber ich kann noch keine Entwarnung geben: Leider findet der Kram, der Plunder immer wieder zu uns zurück, ob wir es wollen oder nicht! Es wird Dinge geben, die du kaufst, weil du glaubst, sie zu brauchen und am Ende stellt sich raus: es war auch nur wieder eine Lifestyle-Entscheidung. Deshalb solltest du Grundregeln aufstellen:

1. Bevor du etwas kaufst, schlafe drüber.

2. Wenn du etwas Neues kaufst, musst du etwas Altes dafür weggeben.

3. Frage dich, ob du es tatsächlich kaufen musst, oder es dir vielleicht von jemandem (Freunde, Nachbarn, Arbeitskollegen) borgen kannst?

Es gibt Portale im Netz, wo du dir was leihen kannst, zum Beispiel: www.leihdirwas.de. Hier findest du bestimmt, was du brauchst. Es gibt mittlerweile auch Facebook-Gruppen, die zum Thema Tauschen eingerichtet wurden. Hier geht es explizit nicht darum, Geld zu verdienen, sondern zu verschenken oder zu tauschen. Vielleicht gibt es eine dieser Share-and-Care-Gruppen auch in deiner Region.

Eine andere Möglichkeit wäre es, etwas zu kaufen und nach der Nutzung gleich wieder zu verkaufen, falls du es nicht noch einmal brauchen wirst. Das könntest du zum Beispiel überlegen, wenn du einen Wohnwagenurlaub machen willst, dir das Ausleihen aber zu teuer ist. Kaufe dir den Wohnwagen (gebraucht) und nach deinem Urlaub verkaufst du ihn wieder.

Wenn du etwas Neues sechs Monate nicht benutzt hast, kannst du es weggeben, weil es nicht so sinnvoll ist, wie du dachtest.

Versuche die Sachen, die du jetzt noch besitzt, nicht länger als Identität stiftend zu betrachten, sondern als Werkzeuge. Wenn du dich nicht länger über deinen Besitz identifizierst, wirst du flexibler und freier sein. Du musst dir nicht mehr viele Gedanken um die Sachen machen, die du hast. Geht etwas kaputt, kannst du es einfach ersetzen.

Ich empfehle dir, mindestens einmal im Jahr einen Rundumschlag zu machen. Gehe deinen ganzen Besitz durch und überlege, ob du davon etwas loswerden kannst. Falls du in der Zwischenzeit vom Pfad abgekommen und wieder der Konsumsucht verfallen bist, kein Problem: atme tief durch, lies noch einmal dieses Buch und schmeiß den Plunder weg!

NACHWORT

Ich wohne mit drei Kindern und meinem Mann auf achtzig Quadratmetern, was nach deutschem Maßstab wenig Platz ist. Jeder fragt sich, wann wir endlich umziehen, aber wir lieben unsere Wohnung, vor allem unsere Nachbarn und den Garten mitten in der Stadt. Deshalb ist der Minimalismus mein bester Freund geworden. So haben wir uns mehr Freiraum geschaffen.

Auch ich bin noch nicht den ganzen Kram losgeworden. Wenn mir neue Tipps und Tricks auf meinem Weg begegnen, werde ich dich auf meinem Blog[18] daran teilhaben lassen. Im Anhang findest du interessante Links und weiterführende Literatur zum Thema.

Schreib mir von deinen Erfahrungen mit Minimalismus: sina.jasur@gmail.com.

Minimalismus ist eine gute Angewohnheit. Wenn du gestresst bist, halte inne, atme tief durch und überlege dir, wie du dich davon befreien und glücklich werden kannst. Du hast es in der Hand.

---

[18] www.sina-jasur.de

ANHANG

Literatur

Barbara Sher: Du musst Dich nicht entscheiden, wenn Du tausend Träume hast.

Jennifer L. Scott: Lessons from Madame Chic: 20 Stylish Secrets I Learned While Living in Paris.

Tim Ferriss: Die 4-Stunden Woche. Mehr Zeit, mehr Geld, mehr Leben.

Tom Hodgkinson: Leitfaden für faule Eltern.

Tom Hodgkinson: Die Kunst, frei zu sein: Handbuch für ein schöneres Leben.

Englische Websites

www.theminimalists.com
www.martystano.com
www.zenhabits.com
www.becomingaminimalist.com
www.theproject333.com
www.missminimalist.com
www.lightbycoco.com

Englische Videos/Youtube-Kanäle[19]

A rich life with less stuff
Unconventional Living
I am Jayme
Marty Stano

---

[19] Gib den Text in die Youtube-Suche ein, dann kommst Du zu den Videos und Kanälen.

Deutsche Websites

Wenn du dich mit anderen Minimalisten austauschen willst, kannst du das im Minimalisten-Forum tun: www.minimalisten.org Auch auf Facebook gibt es einige Minimalismus-Gruppen. Du findest mich zum Beispiel in der Gruppe: „Minimalismus | Mit wenigen Dingen glücklich".

Minimalistmuss.com ist ein total schöner Blog von Nic Pinguet – schaut unbedingt mal vorbei!

Herr und Frau Minimalismus 21 wissen, was so los ist, in der Minimalismus-Szene: minimalismus21.de

Christof Herrman von einfachbewusst.de ist ein bodenständiger, sympathischer Minimalist. Seine Beiträge sind immer sehr informativ.

Daniel von schlichtheit.com ist auch ein super netter Typ, der sicher gern mit dir seine Erfahrungen teilt.

Michael Klumb von minimalismus-leben.de hat es sogar schon in viele Interviews und ins Fernsehen geschafft ☺

Meine Autorenkollegin Pia Mester betreibt auch einen Blog: malmini.de

DEN Überblick über die deutsche Minimalisten-Szene hat wohl Gabi Raeggel. Sie hat auf ihrer Website zahlreiche Links und Tipps zusammengetragen, sozusagen ein Minimalismus-Archiv. Sieh dich mal um auf: minimalismus-tipps.de

Natürlich sind das noch lange nicht alle Minimalisten, die sich im Netz tummeln. Wir sind eine wachsende Gemeinde ☺

DIE AUTORIN

Wer ich bin? Ein Freigeist! Eine Rebellin? Vielleicht. Ich schaue gern hinter die Fassade und stelle Fragen. Warum leben wir, wie wir leben? Warum sind die meisten Menschen in der westlichen Welt unglücklich, obwohl sie scheinbar alles haben. Gibt es Alternativen zu Stress, Hektik, Karriere?

Ich möchte gesund, voller Energie und glücklich sein. Das mache ich nicht nur für mich, sondern auch für meine drei Kinder. Da ich überzeugt bin, dass fast jeder Mensch auf diesem Planeten die gleichen Bedürfnisse hat, teile ich sehr gern mein Wissen und meine Erfahrungen auf den Gebieten: Minimalismus, vegane Ernährung, Lebensphilosophie und Kindererziehung.

Mit "Minimalist. Mehr Freiheit, mehr Geld, mehr Glück." ist mein erstes Buch erschienen: eine praktische Anleitung für alle, die endlich minimalistisch Leben wollen. Weitere Bücher von mir sind: „Mehr Geld. Eine praktische Anleitung für den Alltag." und „Ernährung als Brustkrebskiller. Erkenntnisse aus 250 internationalen Studien."

Wenn du mich auf meinem Weg begleiten möchtest, kannst du dies auf meinem Blog www.sina-jasur.de sehr gern tun.

10248153R00039

Printed in Germany
by Amazon Distribution
GmbH, Leipzig